Todos los libros de Linkgua Ediciones cuentan con modelos de Inteligencia Artificial entrenados por hispanistas. Pregúntale al chat de tu libro lo que desees acerca de la obra o su autor/a.

Para **ebooks**: Accede a nuestro modelo de IA a través de este enlace.

Para **libros impresos**: Escanea el código QR de la portada con tu dispositivo móvil.

Obtén análisis detallados de nuestros libros, resúmenes, respuestas a tus preguntas y accede a nuestras ediciones críticas generativas para una experiencia de lectura más enriquecedora.
La transparencia y el respeto hacia la autoría de las fuentes utilizadas son distintivos básicos de nuestro proyecto. Por ello, las respuestas ofrecen, mediante un sistema de citas, las fuentes con las que han sido elaboradas.

Autores varios

Reglamento provisional político del Imperio Mexicano de 1822

Barcelona 2024
Linkgua-ediciones.com

Créditos

Título original: Reglamento provisional político del Imperio Mexicano de 1822.

© 2024, Red ediciones S. L.

e-mail: info@Linkgua-ediciones.com

Diseño de cubierta: Michel Mallard.

ISBN rústica: 978-84-9953-738-2.
ISBN ebook: 978-84-1126-782-3.

Sumario

Brevísima presentación

El Reglamento Provisional Político del Imperio Mexicano de 1822 pretendía dar una constitución formal a la nación aunque el Congreso de México no la aprobó. Estableció los primeros derechos individuales, entre ellos los de libertad, propiedad, seguridad e igualdad legal. A la vez, declaró a la Nación libre, independiente y soberana y reconocía «iguales derechos en las demás que habitan el globo».

El Reglamento Provisional Político del Imperio Mexicano estaba conformado por un preámbulo y un articulado dividido en ocho secciones. Estas a su vez se dividían en capítulos y éstos en artículos, con excepción del artículo 25, el cual acogió las 15 bases contenidas del decreto imperial de 2 de noviembre de 1822.

Los artículos más relevantes fueron:

Artículo 5.° La nación mexicana es libre, independiente y soberana: reconoce iguales derechos en las demás que habitan el globo; y su Gobierno es Monárquico Constitucional Representativo y Hereditario, con el nombre de Imperio Mexicano.

Artículo 6.° Es uno e indivisible, porque se rige por unas mismas leyes en toda la extensión de su territorio, para la paz y armonía de sus miembros que mutuamente deben auxiliarse, a fin de conspirar la común felicidad.

Artículo 7.° Son mexicanos, sin distinción de origen, todos los habitantes del Imperio, que en consecuencia del glorioso grito de Iguala han reconocido la independencia; y los extranjeros que vinieren en lo sucesivo, desde que con conocimiento y aprobación del Gobierno se presenten al

9

ayuntamiento del pueblo que elijan para su residencia y juren fidelidad al emperador y a las leyes.

Artículo 9.° El Gobierno mexicano tiene por objeto la conservación, tranquilidad y prosperidad del Estado y sus individuos, garantiendo los derechos de libertad, propiedad, seguridad, igualdad legal, y exigiendo el cumplimiento de los deberes recíprocos.

Artículo 11.° La libertad personal es igualmente respetada. Nadie puede ser preso ni arrestado, sino conforme a lo establecido por la ley anterior o en los casos señalados en este reglamento.

Artículo 23.° El sistema del Gobierno político del Imperio Mexicano, se compone de los Poderes Legislativo, Ejecutivo y Judicial, que son incompatibles en una misma persona o corporación.

Reglamento provisional político del Imperio Mexicano de 1822

18 de diciembre de 1822

Día 10 de enero

Leída y aprobada la acta del día anterior, se dio cuenta con dos oficios de los secretarios del despacho de hacienda y guerra, escusados de asistir a la discusión del proyecto del reglamento político por indisposición de salud; con cuyo motivo se suscitó la duda de si debía esperárseles, y se resolvió por la negativa.

El Sr. López Plata hizo la siguiente proposición:

«Que ínterin dura la discusión del reglamento provisional, no tengan los señores diputados derecho para pedir que se pregunte si la materia está suficientemente discutida, sino que puedan libremente discurrir cuantos quieran tomar la palabra, para que cada **Artículo** se analice y liquide muy perfectamente».

No se admitió.

La comisión especial encargada de la formación del reglamento provisional, de Gobierno de Imperio a que se contraen los oficios del Ministerio de Relaciones de 25 del próximo pasado noviembre y 3 del corriente, ha extendido y presenta a la deliberación de la Junta Nacional el siguiente:

Proyecto de Reglamento provisional político del Imperio Mexicano

Porque la Constitución española es un código peculiar de la nación de que nos hemos emancipado; porque aun respecto de ella ha sido el origen y fomento de las horribles turbulencias y agitaciones políticas en que de presente se halla envuelta; porque la experiencia ha demostrado que sus disposiciones en general son inadaptables a nuestros intereses y costumbres, y especialmente, a nuestras circunstancias; y porque con tan sólidos fundamentos, el Emperador ha manifestado la urgentísima necesidad que tenemos de un reglamento propio para la administración, buen orden y seguridad interna y externa del Estado, mientras que se forma y sanciona la constitución política que ha de ser la base fundamental de nuestra felicidad y la suma de nuestros derechos sociales. La Junta nacional instituyente acuerda sustituir a la expresada Constitución española el reglamento político que sigue:

Sección primera. Disposiciones generales

Capítulo único

Artículo 1. Desde la fecha en que se publique el presente reglamento, queda abolida la Constitución española en toda la extensión del imperio.

Artículo 2. Quedan, sin embargo, en su fuerza y vigor las leyes, órdenes y decretos promulgados anteriormente en el territorio del Imperio hasta el 24 de febrero de 1821,en cuanto no pugnen con el presente reglamento, y con las leyes, órdenes y decretos expedidos, o que se expidieren en consecuencia de nuestra independencia.

Y porque entre las leyes dictadas por las partes españolas hay muchas tan inadaptables como la Constitución, que aquí sería embarazoso expresar, se nombrará una comisión de dentro y fuera de la Junta que las redacte, y haciendo sobre ellas las observaciones que le ocurran, las presente a la misma Junta o al futuro Congreso, para que se desechen las que se tengan por inoportunas.

Artículo 3. La nación mexicana, y todos los individuos que la forman y formarán en lo sucesivo, profesan la religión católica, apostólica, romana con exclusión de toda otra. El gobierno como protector de la misma religión la sostendrá contra sus enemigos. Reconocen, por consiguiente, la autoridad de la Santa Iglesia, su disciplina y disposiciones conciliares, sin perjuicio de las prerrogativas propias de la potestad suprema del Estado.

Artículo 4. El clero secular y regular, será conservado en todos sus fueros y preeminencias conforme al **Artículo 14** del plan de Iguala. Por tanto, para que las órdenes de jesuitas y hospitalarios puedan llenar en procomunal los importantes fines de su institución, el Gobierno las restablecerá en aquellos lugares de Imperio en que estaban puestas, y en los demás en que sean convenientes, y los pueblos no lo repugnen con fundamento.

Artículo 5. La nación mexicana es libre, independiente y soberana: reconoce iguales derechos en las demás que habitan el globo; y su Gobierno es monárquico-constitucional representativo y hereditario, con el nombre de Imperio Mexicano.

Artículo 6. Es uno e indivisible, porque se rige por unas mismas leyes en toda la extensión de su territorio, para la paz y armonía de sus miembros que mutuamente deben auxiliarse, a fin de conspirar la común felicidad.

Artículo 7. Son mexicanos, sin distinción de origen, todos los habitantes del Imperio, que en consecuencia del glorioso grito de Iguala han reconocido la independencia; y los extranjeros que vinieren en lo sucesivo, desde que con conocimiento y aprobación del Gobierno se presenten al ayuntamiento del pueblo que elijan para su residencia y juren fidelidad al emperador y a las leyes.

Artículo 8. Los extranjeros que hagan, o hayan hecho servicios importantes al Imperio; los que puedan ser útiles por sus talentos, invenciones o industria, y los que formen grandes establecimientos, o adquieran propiedad territorial por la que paguen contribución al Estado, podrán ser admitidos al derecho de sufragio. El emperador concede este derecho, informado del ayuntamiento respectivo, del ministro de relaciones y oyendo al Consejo de Estado.

Artículo 9. El Gobierno mexicano tiene por objeto la conservación, tranquilidad y prosperidad del Estado y sus individuos, garantiendo los derechos de libertad, propiedad, seguridad, igualdad legal, y exigiendo el cumplimiento de los deberes recíprocos.

Artículo 10. La casa de todo ciudadano, es un asilo inviolable. No podrá ser allanada sin consentimiento del dueño, o de la persona que en el momento haga veces de tal, que no podrá negar la autoridad pública para el desempeño de sus oficios. Esto se entiende en los casos comunes; pero en los delitos de lesa-majestad divina y humana, o contra las garantías, y generalmente en todos aquellos en que el juez, bajo su responsabilidad, califique que la ligera tardanza que demandan estas contestaciones puede frustrar la diligencia, procederá al allanamiento del modo que estime más seguro, pero aun en esta calificación quedará sujeto a la misma responsabilidad.

Artículo 11. La libertad personal es igualmente respetada. Nadie puede ser preso ni arrestado, sino conforme a lo establecido por la ley anterior o en los casos señalados en este reglamento.

Artículo 12. La propiedad es inviolable, la seguridad, como resultado de ésta y de libertad.

Artículo 13. El Estado puede exigir el sacrificio de una propiedad particular para el interés común legalmente justificado; pero con la debida indemnización.

Artículo 14. La deuda pública queda garantizada. Toda especie de empeño o contrato entre el Gobierno y sus acreedores o interesados es inviolable.

Artículo 15. Todos los habitantes del Imperio deben contribuir en razón de sus proporciones, a cubrir las urgencias del Estado.

Artículo 16. Las diferentes clases del estado se conservan con sus respectivas distinciones, sin perjuicio de las cargas públicas, comunes a todo ciudadano. Las virtudes, servicios, talentos y aptitud, son los únicos medios que disponen para los empleos públicos de cualquier especie.

Artículo 17. Nada más conforme a los derechos del hombre, que la libertad de pensar y manifestar sus ideas: por tanto, así como se debe hacer un racional sacrificio de esta facultad, no atacando directa ni indirectamente, ni haciendo, sin previa censura, uso de la pluma en materias de religión y disciplina eclesiástica, monarquía moderada, persona del emperador, independencia y unión, como principios fundamentales, admitidos y jurados por toda la nación desde el pronunciamiento del plan de Iguala, así también en todo lo demás, el Gobierno debe proteger y protegerá sin excepción la libertad de pensar, escribir y expresar por la imprenta cualquier concepto o dictámenes, y empeña todo su poder y celo en alejar cuantos impedimentos puedan ofender este derecho que mira como sagrado.

Artículo 18. La censura en los escritos que traten de religión o disciplina eclesiástica toca al juez ordinario eclesiástico, que deberá darla dentro de veinticuatro horas, si el papel no llegare a tres pliegos, o dentro de seis días si pasare de ellos. Y si algún libro o papel sobre dichas materias se imprimiese sin la licencia indicada, podrá dicho juez eclesiástico recogerla y castigar al autor e impresor con arreglo a las leyes canónicas. En los demás puntos del **Artículo** anterior, la censura la hará cualquier juez de letras a quien se pida la licencia, en los mismos tiempos; pero bajo su responsabilidad, tanto al Gobierno, si fuere aprobatoria, como a la parte si fuere condenatoria.

Artículo 19. Como quiera que el ocultar el nombre en un escrito, es ya una presunción contra él, y las leyes han detestado siempre esta conducta, no se opone a la libertad de imprenta la obligación que tendrán todos los escritores de firmar sus producciones con expresión de fecha, lo que también es utilísimo a la nación, pues así no se darán a la faz de las naciones cultas.

Artículo 20. Se organizará a la fuerza política, hasta el Estado en que el Emperador la juzgue conveniente para la defensa y seguridad interna y externa.

Artículo 21. Ningún mexicano, excepto los eclesiásticos, pueden excusarse del servicio militar, siempre que la patria necesite de sus brazos para su defensa y conservación; pero en caso de impedimento justo, deberá dar un equivalente.

Artículo 22. La fuerza pública es esencialmente obediente.

Artículo 23. El sistema del Gobierno político del Imperio Mexicano, se compone de los Poderes Legislativo, Ejecutivo y Judicial, que son incompatibles en una misma persona o corporación.

Sección segunda. De las elecciones

Capítulo único

Artículo 21. Las elecciones de ayuntamientos para el año de 1823, se harán con arreglo al decreto de la Junta nacional instituyente de 13 del próximo pasado noviembre, y éstas y las de diputados y demás que deben hacerse en lo sucesivo, se sujetarán a la ley de elecciones que se está formando por la misma Junta, y circulará el gobierno oportunamente.

Sección tercera. Del Poder Legislativo

Capítulo único

Artículo 25. El Poder Legislativo reside ahora en la Junta nacional instituyente, que lo ejercerá de conformidad con el reglamento de 2 del pasado noviembre, cuyo tenor es el siguiente:

Bases orgánicas de la Junta nacional instituyente:

1. Tendrá la iniciativa de la Constitución que ha de formarse para el Imperio; y, en consecuencia, acordar el plan o proyecto de ella que le parezca más propio y conveniente a sus circunstancias para consolidar la forma de gobierno proclamado y establecido con arreglo a las bases adoptadas, ratificadas y juradas por toda la nación;

2. Acompañará al Proyecto de Constitución la correspondiente ley orgánica, que determine el modo con que se debe discutir, decretar y sancionar la misma Constitución, y satisfaga al interesante objeto de preservar los choques y razonamientos de los poderes legislativo y ejecutivo en este punto, para lo cual, procederá de acuerdo con el último;

3. Aunque en el Proyecto de Constitución se haya de comprender todo lo concerniente al sistema representativo, será objeto especial de la Junta formar la convocatoria para la inmediata representación nacional, prescribiendo las reglas que sean más justas y adaptables a las circunstancias del Imperio, y a la forma de su gobierno proclamado, establecido y jurado, y poniéndose para esto de acuerdo con el mismo gobierno, conforme a lo que en idéntico caso calificó la Junta provisional gubernativa, en cumplimiento de los Artículos respectivos del plan de Iguala y tratados de Córdova: y lo

que en esta forma se ordenare por la convocatoria, se observará indefectiblemente (por esta vez), a reserva de que en la Constitución se adopte o rectifique, según las luces de la experiencia;

4. Con toda la brevedad mayor posible procederá a organizar el plan de la hacienda pública, a fin de que haya el caudal necesario para su ejecución con los gastos nacionales y cubrir el considerable actual deficiente, poniéndose de acuerdo con el Poder Ejecutivo;

5. La Junta conservará para su representación nacional, el ejercicio del Poder Legislativo en todos los casos que, en concepto de no poderse reservar para que tengan la emanación y consecuencia que en todas las leyes debe procurarse de la Constitución, proponga como urgentes el Poder Ejecutivo;

6. Para la discusión del Proyecto de Constitución, convocatoria de ella, reglamentos y demás leyes, se admitirán los oradores del Gobierno;

7. Por primera diligencia formará la Junta para su Gobierno interior un reglamento que sea propia dar el plan, orden y facilidad a todas sus operaciones y determinar los justos límites de la inviolabilidad de los diputados, contrayéndola precisamente a lo que se necesita para el libre ejercicio de sus funciones;

8. Publicará un manifiesto a la nación, inspirándole la confianza que pueda ofrecerle, por el celo y actividad de las grandes funciones de su encargo;

9. La Junta tendrá un presidente, dos vicepresidentes y cuatro secretarios;

10. Por esta vez, y hasta la formación y adopción del reglamento, en el que se tendrá presente la conveniencia de la perplejidad de estos oficios, para la uniforme expedición de los objetos de sus respectivas funciones, se me propondrán

ternas para las elecciones de los individuos que hayan de desempeñarlos;

11. El tratamiento de la Junta será impersonal, el del presidente, de excelencia, y el de vocales, de señoría;

12. Los suplentes podrán ser elegidos para vicepresidentes y secretarios;

13. Si hubiere algunas actas del Congreso disuelto que no estén engrosadas ni autorizadas, la Junta subsanará este defecto por un acuerdo relativo a lo que quedó resuelto por el mismo Congreso, y comunicará al Gobierno su resolución para que haga las observaciones y réplicas que exige el interés de la causa pública;

14. Si se encontrare en la secretaría del Congreso, asuntos ajenos del conocimiento del Poder Legislativo, la Junta mandará se devuelvan a sus interesados, para que los giren por donde corresponda;

15. El comisionado que ha recibido los papeles de la secretaría del Congreso disuelto, los entregará a los secretarios de la Junta con los índices, y por el inventario correspondiente.

Palacio Imperial de México. 2 de noviembre de 1822, año segundo de la Independencia. Rubricado de la imperial ruano. José Manuel Herrera.

Leídas estas bases, añadió S. M., de palabra, la siguiente:

Los diputados suplentes asistirán a las sesiones de la Junta y tomarán parte en las discusiones; pero no tendrán voto sino cuando ocupen el lugar de los propietarios.

México, 5 de noviembre de 1822. Antonio de Mier, Diputado secretario.

Artículo 26. El futuro Congreso reasumirá el Poder Legislativo con arreglo a la ley de su convocatoria, y a la orgánica que se está formando para la discusión, sanción y promulgación de la Constitución.

Artículo 27. Los vocales de la Junta nacional instituyente son inviolables por las opiniones políticas que manifiesten en el ejercicio de sus funciones, y no podrán ser perseguidos por ellas en ningún tiempo, ni ante autoridad alguna.

Artículo 28. De las causas civiles o criminales que contra los expresados vocales se intentare durante su comisión, toca el conocimiento al Tribunal Supremo de Justicia.

Sección cuarta. Del Poder Ejecutivo

Capítulo primero. Del Emperador
Artículo 29. El Poder Ejecutivo reside exclusivamente en el Emperador, como Jefe Supremo del Estado. Su persona es sagrada e inviolable, y solo sus ministros son responsables de los actos de su gobierno, que autorizarán necesaria y respectivamente, para que tengan efecto.

Artículo 30. Toca al Emperador:

1. Proteger la religión católica, apostólica, romana, y disciplina eclesiástica, conforme al plan de Iguala;

2. Hacer cumplir la Ley, sancionarla, promulgarla;

3. Defender la patria, su independencia y unión, según el mismo plan;

4. Conservar el orden interior y la seguridad exterior, por todos los medios que en las circunstancias de la guerra, antes sorda, y en la actualidad ostensible con que temerariamente se nos ataca, estén a su discreción y puedan hacer sentir a los enemigos el poder de la nación, y la firmeza con que sostendrá sus derechos pronunciados, su gobierno establecido, y el rango a que se ha elevado;

5. Mandar las fuerzas de mar y tierra;

6. Declarar la guerra y hacer tratados de paz y alianza;

7. Dirigir las relaciones diplomáticas y de comercio con las demás naciones;

8. Formar los reglamentos, órdenes e instrucciones necesarias para la ejecución de las leyes y seguridad del Imperio;

9. Establecer conforme a la Ley, los tribunales que sean necesarios y nombrar los jueces a propuesta del Consejo de Estado;

10. Cuidar de que se administre pronta y cumplidamente la justicia;

11. Ejercer en su caso y en forma legal y canónica las funciones del patronato, debidas a la suprema dignidad del Estado;

12. Conceder pase o retener los decretos conciliares y bulas pontificias que contengan disposiciones generales oyendo al cuerpo legislativo, o hacer lo mismo, oyendo al Consejo de Estado cuando se versen sobre negocios particulares o gubernativos; o pasándolos cuando son contenciosos, al Tribunal Supremo de Justicia;

13. Proveer a todos los empleos civiles y militares;

14. Conceder toda clase de honores y distinciones;

15. Indultar a los delincuentes conforme a las leyes;

16. Cuidar de la fabricación de la moneda;

17. Decretar la inversión de los fondos destinados a cada uno de los ramos públicos;

18. Nombrar y separar libremente los ministros.

Artículo 31. No puede el Emperador:

1. Disolver la Junta nacional antes de la reunión del Congreso, ni embarazar sus sesiones;

2. No puede salir de las fronteras del Imperio sin consentimiento de la misma Junta;

3. No puede enajenar ni traspasar a otro la autoridad imperial;

4. No puede hacer alianza ofensiva ni tratado de comercio y de subsidios a favor de potencias extranjeras sin el consentimiento del cuerpo legislativo. El efecto de este **Artículo** se suspende hasta que la España reconozca nuestra independencia;

5. No puede ceder o enajenar el territorio o bienes nacionales;

6. No puede conceder privilegios exclusivos;

7. No puede privar a nadie de su libertad, siendo los ministros responsables de esta disposición, a menos que el bien y la seguridad del Estado exijan el arresto de alguna persona, en cuyo caso podrá el Emperador expedir órdenes al efecto, con tal, que dentro de quince días a lo más, la haga entregar a tribunal competente.

En caso de convulsiones intestinas, como las que actualmente asoman, se autoriza al Emperador, por el bien de la patria, con todo el poder de la ley, que se pondrá por apéndice a este reglamento.

Capítulo segundo. De los Ministros

Artículo 32. Habrá cuatro ministros por este orden:

1. Del interior y de relaciones exteriores;
2. De justicia y de negocios eclesiásticos;
3. De hacienda;
4. De guerra y marina.

Y además, un secretario de estampilla.

Artículo 33. Los ministros formarán los presupuestos, de gastos, que acordará la Junta, y le rendirán cuenta de los que hicieron.

Capítulo tercero. De la Regencia

Artículo 34. Luego que el Emperador sancione el presente reglamento, nombrará con el mayor secreto, para el caso de su muerte, o de notoria impotencia física o moral, legalmente justificada, una regencia de uno a tres individuos de su alta confianza, igual número de suplentes. Estos nombramientos se guardarán en una cara de hierro de tres llaves, la que se meterá dentro de otra de la misma materia y con igual número de llaves distintas. Esta arca existirá siempre en el lugar que el Emperador designe, de que dará noticia a los tenedores de las llaves, que serán: de una de la arca interior, el Emperador mismo, de otra el decano del Consejo de Estado, y de la tercera el Presidente del Supremo Tribunal de Justicia. De las exteriores tendrá una el príncipe heredero, que ya pasa de los doce años de edad, y en su defecto el arzobispo de esta corte; otra el jefe político de la misma, y otra el confesor del emperador.

La impotencia se calificará por el cuerpo legislativo, oyendo previamente una comisión de nueve individuos de su seno, de los cuatro secretarios de Estado y del despacho, y de los dos consejeros que sigan en el orden de antigüedad al decano del de Estado. Las arcas se abrirán a su tiempo en presencia de una Junta presidida por el príncipe heredero, convocada por el ministerio de relaciones, y compuesta de una comisión del cuerpo legislativo, de los cuatro secretarios de Estado y del despacho, de los dos consejeros arriba dichos, y de los tenedores respectivos de las llaves de las arcas. Enseguida de este acto se reunirá la regencia sin pérdida de tiempo en el palacio imperial, y los individuos otorgarán ante el cuerpo legislativo el juramento siguiente:

«N. N. (aquí los nombres) juramos por Dios y por los Santos Evangelios, que defenderemos y conservaremos la religión, católica, apostólica, romana, y la disciplina eclesiástica sin permitir otra alguna en el Imperio; que seremos fieles al emperador; que guardaremos y haremos guardar el reglamento político y leyes de la monarquía mexicana, no mirando en cuanto hiciéremos sino al bien y provecho de ella; que no enajenaremos, cederemos ni desmembraremos parte alguna del Imperio; que no exigiremos jamás cantidad alguna de frutos, dinero ni otra cosa sino las que hubiere decretado el cuerpo legislativo; que no tomaremos jamás a nadie su propiedad; que respetaremos sobre todo la libertad política de la nación, y la personal de cada individuo; que cuando llegue el Emperador a ser mayor (en caso de impotencia se dirá que, cuando cese la imposibilidad del Emperador) le entregaremos el Gobierno del Imperio, bajo la pena, si un momento lo dilatamos, de ser habidos y tratados como traidores; y si en lo que hemos jurado o parte de ello, lo contrario hiciéremos, no debemos ser obedecidos, antes aquello en que contraviniéremos será nulo y de ningún valor. Así Dios nos ayude y sea en nuestra defensa; si no, nos lo demande».

Artículo 35. La regencia será presidida necesariamente por el príncipe heredero, aunque sin voto hasta la edad de dieciocho años, en que comienza a reinar; pero una vez instalada, ejercerá las funciones del Poder Ejecutivo, en cuanto no se le restrinja por las leyes, y encabezará sus providencias con el nombre de Emperador.

Artículo 36. Será tutor del Emperador menor la persona que hubiere nombrado en su testamento su difunto padre. Si no le hubiere nombrado, le nombrará la regencia. Y, a falta de ambos, le nombrará la Junta nacional o cuerpo legislativo.

Artículo 37. Ningún extranjero podrá ser tutor del Emperador menor, aunque tenga carta de naturaleza.

Capítulo cuarto. Del Emperador menor y de la familia imperial

Artículo 38. El Emperador menor no puede contraer matrimonio, ni salir del Imperio, sin consentimiento del cuerpo legislativo, bajo la calidad de ser excluido del llamamiento a la Corona.

Artículo 39. De las partidas de bautismo, matrimonio y muerte de las personas de la familia imperial, se remitirá una copia auténtica a la Junta nacional.

Artículo 40. Ésta para el año de 1823, y el venidero Congreso para lo sucesivo, señalarán la dotación de la casa y personas de la familia imperial.

Capítulo quinto. Del Consejo de Estado

Artículo 41. Subsistirá el actual Consejo de Estado en la forma, y con el número de individuos que lo estableció el Congreso, para dar dictamen al Emperador en los asuntos en que se lo pida; para hacerle por terna las propuestas de las plazas de judicatura, y para consultarle del mismo modo sobre la presentación beneficios eclesiásticos y obispados en su caso.

Artículo 42. En el de vacante, o vacantes de los consejeros actuales, y necesidad d su provisión, el gobierno pasará una lista de elegibles beneméritos de toda la extensión del Imperio al cuerpo legislativo. Éste formará y remitirá al Gobierno las ternas respectivas, y el Emperador nombrará indistintamente uno de los tres propuestos en ellas.

Artículo 43. Todos los arzobispos y obispos del Imperio, son consejeros honorarios de estado.

Capítulo sexto. Del Gobierno supremo con relación a las provincias y pueblos del Imperio

Artículo 44. En cada capital de provincia, habrá un jefe superior político nombrado por el Emperador.

Artículo 45. Reside en el jefe político la autoridad superior de la provincia, que la ejercerá conforme a las leyes, instrucciones y reglamentos vigentes.

Artículo 46. Por ahora, y mientras la independencia nacional se halle amagada por enemigos exteriores, los mandos político y militar de las provincias, se reunirán en una sola persona.

Artículo 47. El Jefe Superior político se entenderá directa e inmediatamente con el Ministro del Interior, en cuanto concierna al gobierno político de la provincia de su mando.

Artículo 48. Hacer lo que prohíben, o no hacer lo que ordenan las leyes, es un delito. El jefe político, cuyo principal objeto es el sostén del orden social y de la tranquilidad pública, usará de todas sus facultades para prevenir el crimen y sostener la libertad, la propiedad y la seguridad individual.

Artículo 49. A objeto tan importante, podrá imponer penas correccionales en todos tos delitos que no induzcan pena infamante o aflictiva corporal, en cuyos casos entregará los reos al tribunal que designe la ley.

Artículo 50. Las penas correccionales se reducen a multas, arrestos y confiscación de efectos en contravención de la ley. Las multas en ningún caso pasarán de cien pesos, ni los arrestos de un mes.

Artículo 51. Si el jefe político tuviere noticia de que se trama alguna conspiración contra el Estado, procederá al arresto de los indiciados, y según el mérito de la instrucción sumaria, que formará con intervención de asesor, los pondrá en libertad o a disposición del tribunal competente, dentro de diez días a lo más.

Artículo 52. En los puertos de mar que no sean capitales de provincia, o en las cabeceras de partidos muy dilatados o poblados, podrá haber un jefe político subalterno al de la provincia. En las demás cabeceras o pueblos subalternos, el alcalde primer nombrado será el jefe político; pero en el caso de que habla el **Artículo** antecedente, los primeros alcaldes de pueblos subalternos, pasarán al conocimiento del jefe político de su partido, las causas o motivos que hayan provocado el arresto.

Artículo 53. En todos los casos que ocurren donde fuere necesaria la fuerza pública para el ejercicio de las autoridades políticas, los comandantes militares la presentarán inmediatamente bajo la responsabilidad de la autoridad que la exija.

Artículo 54. Los jefes políticos exigirán de los ayuntamientos el cumplimiento exacto de sus obligaciones, detalladas en la instrucción de 23 de junio de 1813, para el gobierno económico-político de las provincias, y vigilarán muy particularmente sobre la policía de la imprenta, y de las casas de prisión o de corrección; sobre la dedicación de todos a alguna ocupación o industria, extirpando la ociosidad, vagancia, mendicidad y juegos prohibidos; velarán sobre la introducción de personas extrañas y sospechosas sobre el respeto debido al culto y buenas costumbres; sobre la seguridad de los caminos y del comercio, sobre el porte de armas prohibidas, embriaguez, riñas, atropellamientos y tumultos; sobre la salubridad de las poblaciones, su limpieza y alumbrado; sobre el buen régimen de los establecimientos de beneficencia y educación; sobre el buen orden de los mercados, legitimidad de la moneda, peso, medida y calidad de las provisiones y generalmente sobre cuanto conduzca al fomento, comodidad y esplendor de los pueblos.

Sección quinta. Del Poder Judicial

Capítulo primero. De los tribunales de primera y segunda instancia

Artículo 55. La facultad de aplicar las leyes a los casos particulares que se controvierten en juicio, corresponde exclusivamente a los tribunales erigidos por ley.

Artículo 56. Ningún mexicano podrá ser juzgado en ningún caso por comisión alguna, sino por el tribunal correspondiente designado por leyes anteriores.

Artículo 57. Subsisten los juzgados y fueros militares y eclesiásticos, para los objetos de su atribución, como los peculiares de minería y de hacienda pública, que procederán como hasta aquí, según la ordenanza y leyes respectivas.

Artículo 58. Los consulados, mientras subsistan, solo deberán ejercer el oficio de jueces conciliadores en asuntos mercantiles; y podrán también hacer el de árbitros por convenio de las partes.

Artículo 59. En los juicios civiles particulares y en los criminales por delitos comunes serán juzgados los militares y eclesiásticos por sus respectivos jueces.

Artículo 60. En el delito de lesa-majestad humana, conjuración contra la patria, o forma de gobierno establecido, nadie goza de fuero privilegiado. Los militares quedan desaforados por el mismo hecho, y los eclesiásticos serán juzgados por las jurisdicciones secular y eclesiástica unidas, procurando todos los jueces abreviar sin omitir las formas y trámites del juicio.

Artículo 61. Para ser juez o magistrado se requiere en lo sucesivo, ser ciudadano del Imperio, de 30 años de edad, casado o viudo, no haber sido condenado por delito alguno, gozar buena reputación, luces, integridad para administrar justicia.

Artículo 62. Cualquier mexicano puede acusar el soborno, el cohecho, y el prevaricato de los magistrados y jueces.

Artículo 63. Los jueces o magistrados no podrán ser suspendidos de sus destinos, ya sean temporales o perpetuos, sino por acusación legítimamente probada, ni separados de ellos, sino por sentencia que cause ejecutoria.

Artículo 64. Si al Emperador se diese queja contra un magistrado, podrá formar expediente informativo y resultando fundada, suspenderle con dictamen del Consejo de Estado, remitiendo inmediatamente el proceso al Tribunal de Justicia, para que juzgue con arreglo a derecho.

Artículo 65. La justicia se administrará en nombre del Emperador, y en el mismo se encabezarán las ejecutorias y provisiones de los tribunales superiores.

Artículo 66. Para la pronta y fácil administración de justicia, en todos sus ramos, continuarán los alcaldes, los jueces de letras que puedan ser pagados cómodamente y las audiencias territoriales que están establecidas; y además podrá nombrar el gobierno otros jueces de letras, y establecer dos o tres audiencias nuevas, en aquellos lugares, en que a discreción del mismo gobierno se estimen oportunas, para evitar a las partes los perjuicios que hoy se experimentan por las enormes distancias en que se hallan las audiencias territoriales.

Artículo 67. Estas nuevas audiencias se compondrán de competente número de ministros, tendrán las mismas atribuciones que las actuales y las ejercerán en todo el territorio que se les designe por el gobierno.

Artículo 68. En todo pleito por grande que sea su interés, habrá tres instancias no más, y tres sentencias definitivas. Dos sentencias conformes de toda conformidad causan ejecutoria. Cuando la segunda revoca o altera la primera, ha lugar a suplicación que se interpondrá en el mismo tribunal; y no habiendo copia de ministros, para que otras distintas conozcan y juzguen de la tercera instancia, se instruirá esta ante los mismos que fallaron la segunda, y puesta en estado de sentencia, se remitirán los autos a la audiencia más cercana (citadas las partes y a costa del suplicante) para que con la sola vista de ellos, sin otro trámite, pronuncie la sentencia, contra la cual no habrá más recurso que el de nulidad para ante el Tribunal Supremo de Justicia.

Artículo 69. Así como se vayan instalando las nuevas audiencias, les pasarán las actuales los procesos civiles y criminales ante ellas pendientes, y que toquen al territorio que el Gobierno los haya demarcado.

Artículo 70. Todos los jueces y magistrados propietarios o suplentes, jurarán al ingreso en su destino ser fieles al Emperador, observar las leyes y administrar recta y pronta justicia.

Artículo 71. A toda demanda civil o criminal debe preceder la junta conciliatoria en los términos que hasta aquí se ha practicado. Y para que sea más eficaz tan interesante institución, se previene que los hombres buenos presentados por las partes, o no sean abogados, o si lo fueren, no se admitan después en el tribunal para defender a las mismas partes, en caso de seguir el pleito materia de la conciliación.

Artículo 72. Ningún mexicano podrá ser preso por queja de otro, sino cuando el delito merezca pena corporal y conste en el mismo acto, o el quejoso se obligue a probarlo dentro de seis días, y en su defecto a satisfacer al arrestado los atrasos y perjuicios que se le sigan de aquella providencia.

Artículo 73. En caso de denuncia, que el que la diere no se ofrezca a probar, el juez pesando atentamente las circunstancias de aquel y del denunciado, la gravedad y trascendencia del delito, y el fundamento de la denuncia, formará proceso instructivo. Si de este resulta semiplena prueba o vehemente sospecha, procederá al arresto; así como si obrando de oficio teme fundadamente que se fisgue el presunto reo antes de averiguar el hecho. En fragante todo delincuente debe ser preso y todos pueden arrestarle conduciéndole a la presencia del juez.

Artículo 74. Nunca será arrestado el que de fiador en los casos en que la ley no prohíbe admitir fianza, y este recurso quedará expedito para cualquier estado del proceso en que conste no haber lugar a la imposición de pena corporal.

Artículo 75. No se hará embargo de bienes, sino cuando el delito induzca responsabilidad pecuniaria y solo en proporción a la cantidad a que debe extenderse.

Artículo 76. Tampoco se podrá usar el del tormento en ningún caso, imponerse la pena de confiscación absoluta de bienes, ni la de infamia transmisible a la posteridad o familia del que la mereció.

Artículo 77. En todo lo relativo al orden, sustanciación y trámites del juicio (desde la conciliación en adelante) se arreglarán los alcaldes, jueces de letras y tribunales de segunda instancia a la ley de 9 de octubre de 1812, excepto la publicación que ordena el **Artículo** 16, Capítulo 2, en cuanto al examen de testigos, que se hará como se acostumbraba antes de dicha ley y sin ministrar a quien no sea parte legítima ni tenga interés en las causas, los testimonios de que habla el **Artículo** 23 del mismo Capítulo 2; tampoco conocerán las audiencias de las nulidades a que se refiere el **Artículo** 48 y siguientes del Capítulo 1, ni harán cosa alguna, aún conforme a la citada Ley, que sea contraria al sistema de independencia, gobierno establecido y leyes sancionadas por el mismo.

Capítulo segundo. Del Supremo Tribunal de Justicia

Artículo 78. El Supremo Tribunal de Justicia residirá en la capital del Imperio; se compondrá por ahora de nueve ministros con renta cada uno de seis mil pesos anuales. El tratamiento de dicho Tribunal, será impersonal, y el de sus ministros de excelencia.

Artículo 79. Observará también este Tribunal en lo que le toca la citada ley de 9 de octubre, y además:

1. Dirimirá todas las competencias de las audiencias;

2. Juzgará a los Secretarios de Estado y el despacho, cuando por queja de parte se declare haber lugar a exigir la responsabilidad en la forma que se dirá después;

3. Conocerá de todas las causas de suspensión y separación de los Consejeros de Estado y los magistrados de las audiencias;

4. Juzgará los criminales de los Secretarios de Estado y del despacho, de los Consejeros de Estado, y de los magistrados de las audiencias, cuyo proceso instruirá el jefe político más inmediato para remitirlo a este Tribunal;

5. Igualmente conocerá de todas las causas criminales y civiles de los individuos del cuerpo legislativo por arreglo al **Artículo 2** de este reglamento y con suplicación al mismo Tribunal;

6. Conocerá de la residencia de todo funcionario político sujeto a ella por las leyes; de todos los asuntos contenciosos de patronato imperial, y de todos los recursos de fuerza de los tribunales eclesiásticos superiores de la corte;

7. De los de nulidad que se interpongan contra sentencias pronunciadas en última instancia, para el preciso efecto de reponer el proceso, devolviéndolo, y de hacer efectiva la responsabilidad de los magistrados que la pronunciaron;

8. Oirá las dudas de los demás tribunales sobre la genuina inteligencia de alguna ley, consultando al Emperador con los fundamentos de que nazcan, para que provoque la conveniente declaración del Poder Legislativo;

9. Examinará las listas que le deben remitir las audiencias para promover la pronta administración de justicia, pasando copia de ellas al gobierno con las observaciones que estime convenientes, y disponiendo su publicación por la imprenta;

10. Cuando de orden del Emperador se proceda al arresto de alguno, en el caso que designa el **Artículo** 31 de este reglamento, y no se suelte ni entregue a tribunal competente en los quince días que allí mismo se expresa, podrá el arrestado ocurrir a este tribunal, que si calificare justo y conveniente tal arresto por el interés del estado, pronunciará el siguiente decreto: «Queda a esta parte salvo el segundo recurso en el término de la ley, y el arrestado podrá usar de él ante el mismo tribunal, si pasados quince días no se ha hecho la consignación a su juez respectivo»;

11. En este caso, o cuando en virtud del primer ocurso, el tribunal estime que la salud pública no exige la prisión, oficiará al ministro que comunicó la orden de arresto invitándole a la libertad o consignación del arrestado. Si el ministro no ejecuta uno u otro dentro de quince días, ni expone motivos justos de la demora, el tribunal dará segundo decreto en esta forma: «Hay vehementemente presunción de detención arbitraria contra el ministro N., Por la prisión de N., y desde este acto seguirá el propio tribunal en el conocimiento de la cansa de responsabilidad por los trámites señalados en las

leyes, oyendo al ministro, a la parte y al fiscal, y determinando lo más conforme ajusticia».

Artículo 80. En caso de acusación o queja criminal contra individuos de este tribunal, se ocurrirá al Emperador, que dará orden de que se reúna luego otro tribunal compuesto del letrado de más edad que hubiere en el cuerpo legislativo: del consejero de estado, también letrado más antiguo; del regente o decano de la audiencia de esta corte; del rector del colegio de abogados, y del letrado de más edad que hubiere en la diputación provincial. Si no hay alguno, del catedrático jubilado o profesor de derecho más antiguo de la universidad de esta corte que no sea eclesiástico.

Sección sexta. De la Hacienda Pública

Capítulo único

Artículo 81. Los intendentes en las provincias, son exclusivamente los jefes de la hacienda pública, que dirigirán conforme a las ordenanzas y reglamentos vigentes, y se entenderán directa e indirectamente con el Ministro de Hacienda.

Artículo 82. Respecto de cajas, aduanas marítimas, interiores, correos, loterías, consulados y demás oficinas en que ingresen o se manejen caudales de la hacienda pública, los intendentes son jefes privativos en su provincia.

Artículo 83. También estarán a la mira de que los factores, administradores y demás empleados en la renta del tabaco, cumplan con los deberes de sus respectivos encargos; y vigilarán para que no distraigan los caudales que manejan a otros objetos, que los de su instituto, asistiendo en los primeros días del mes al corte de caja y razón de existencias que tengan aquellas oficinas; pero en la parte económica y directiva, solo tendrán conocimiento cuando los jefes principales de la renta necesiten de su autoridad.

Artículo 84. Los intendentes reunirán a su empleo el mando superior político de las provincias, por defecto del jefe político militar. También presidirán las diputaciones provinciales, por la no asistencia del jefe político a las mismas.

Artículo 85. Los intendentes gozarán de un sueldo fijo y de una cantidad determinada para gastos de su secretaria.

Artículo 86. Los intendentes enviarán al Gobierno supremo en el principio de cada mes un estado general del ingreso y egreso de las cajas de su provincia, para que se publique en la gaceta del propio Gobierno.

Sección séptima. Del Gobierno particular de las provincias y pueblos, con relación al Supremo del Imperio

Capítulo único. De los diputados provinciales, ayuntamientos y alcaldes

Artículo 87. Permanecerán las diputaciones provinciales con las atribuciones que hoy tienen, y que seguirán desempeñando con arreglo a la instrucción de 23 de junio de 1813.

Artículo 88. Se comunicarán con los ayuntamientos y pueblos del distrito de su inspección, y con el Gobierno supremo, necesariamente por conducto de su respectivo jefe político, excepto los casos en que tengan que dirigir contra el mismo alguna queja fundada.

Artículo 89. Ayudarán a los jefes políticos, cuan eficazmente puedan, en el cumplimiento de las obligaciones que se les han impuesto en el **Artículo 45** y siguientes hasta el 54, y también a los intendentes en lo que respectivamente puedan auxiliarlos.

Artículo 90. No omitirán diligencia:

1. Para formar y remitir cuanto antes al Gobierno supremo el censo y estadística de su distrito;

2. Para extirpar la ociosidad y promover la instrucción, ocupación y moral pública;

3. Para formar de acuerdo con el jefe político, y enviar al Gobierno supremo para su aprobación planes juiciosos, según los cuales, pueda hacerse efectivo en plena propiedad, entre los ciudadanos indígenas y entre los beneméritos, industriosos, el repartimiento de tierras comunes o realengas, salvo los ejidos precisos a cada población.

Artículo 91. Subsistirán también con sus actuales atribuciones, y serán elegidos como se dijo en el **Artículo** 24, los ayuntamientos de las capitales de provincia, los de cabezas de partidos, y los de aquellas poblaciones considerables, en que ajuicio de las diputaciones provinciales y jefes políticos superiores, haya competente número de sujetos idóneos, para alternar en los oficios de ayuntamiento, y llenar debidamente los objetos de su institución.

Artículo 92. En las poblaciones que carezcan de la idoneidad requerida, habrá, sin embargo, discreción de las mismas diputaciones y jefes políticos, uno o dos alcaldes; uno o dos regidores, y un síndico, elegidos a pluralidad de su vecindario.

Artículo 93. Los jefes políticos y diputaciones en cuanto reciban este reglamento, harán calificación y discernimiento de las poblaciones en que han de tener efecto los dos Artículos precedentes. Y los jefes políticos circular a sus órdenes para el caso a los subalternos de que se hablo en el **Artículo** 52.

Artículo 94. Las elecciones en los pueblos que hayan de tener dos alcaldes dos regidores y un síndico, se harán con asistencia del cura o su vicario, presididas por el jefe político subalterno, o por el regidor del ayuntamiento más inmediato que vaya en lugar de dicho jefe. Y las de los pueblos en que solo ha de haber un alcalde, un regidor y un síndico, serán presididas del propio modo, con asistencia del cura o su vicario, que certificarán la moralidad y aptitud de tos que pueden ser elegidos.

Artículo 95. Los alcaldes, regidores y síndicos de que hablan los precedentes Artículos, estarán sujetos a la inspección del jefe político subalterno más inmediato del propio partido, y a un reglamento provisional que les darán a consulta de las diputaciones provinciales los jefes políticos superiores, sin perjuicio de remitirlo al Gobierno supremo para su aprobación.

Artículo 96. Se adaptará dicho reglamento a la situación y circunstancias de cada pueblo, a fin de conservar en todos el orden público y promover el bien, autorizando a los alcaldes para conciliar desavenencias, despachar demandas de poca entidad, evitar desórdenes de toda especie, imponer arrestos y correcciones ligeras; y obligándolos a aprehender a los delincuentes y ponerlos a disposición del jefe político de su partido, o del juez de primera instancia más inmediato a quien toque conocer de esta especie de causas, como de las civiles de más entidad que los indicados alcaldes no hayan dirimido por sí, ni terminado por conciliación.

Artículo 97. Las diputaciones y jefes políticos acordarán también un reglamento análogo al indicado, para que no falte algún gobierno en las rancherías y haciendas.

Artículo 98. Y los jefes políticos superiores, a consulta de las diputaciones, demarcarán los límites y terrenos de la inspección de los ayuntamientos de las cabezas de provincias y de partido, de las poblaciones considerables en que subsistan dichos ayuntamientos en todas sus atribuciones, de los jefes políticos subalternos, y de los alcaldes de que habla el **Artículo 92.**

Sección octava. De la instrucción y moral pública

Capítulo único

Artículo 99. El Gobierno con el celo que demandan los primeros intereses de la nación, y con la energía que es propia de sus altas facultades expedirá reglamentos y órdenes oportunas conforme las leyes, para promover y hacer que los establecimientos de instrucción y moral pública existentes hoy, llenan los objetos de su institución, debida y provechosamente, en consonancia con el actual sistema político.

Artículo 100. El presente reglamento se pasará al Emperador para su sanción y promulgación.

México, diciembre 18 de 1822. Toribio González. Antonio J. Valdés. Ramón Martínez de los Ríos.

Libros a la carta

A la carta es un servicio especializado para
empresas,
librerías,
bibliotecas,
editoriales
y centros de enseñanza;
y permite confeccionar libros que, por su formato y concepción, sirven a los propósitos más específicos de estas instituciones.

Las empresas nos encargan ediciones personalizadas para marketing editorial o para regalos institucionales. Y los interesados solicitan, a título personal, ediciones antiguas, o no disponibles en el mercado; y las acompañan con notas y comentarios críticos.

Las ediciones tienen como apoyo un libro de estilo con todo tipo de referencias sobre los criterios de tratamiento tipográfico aplicados a nuestros libros que puede ser consultado en Linkgua-ediciones.com.

Linkgua edita por encargo diferentes versiones de una misma obra con distintos tratamientos ortotipográficos (actualizaciones de carácter divulgativo de un clásico, o versiones estrictamente fieles a la edición original de referencia).

Este servicio de ediciones a la carta le permitirá, si usted se dedica a la enseñanza, tener una forma de hacer pública su interpretación de un texto y, sobre una versión digitalizada «base», usted podrá introducir interpretaciones del texto fuente. Es un tópico que los profesores denuncien en clase los desmanes de una edición, o vayan comentando errores de interpretación de un texto y esta es una solución útil a esa necesidad del mundo académico.

Asimismo publicamos de manera sistemática, en un mismo catálogo, tesis doctorales y actas de congresos académicos, que son distribuidas a través de nuestra Web.

El servicio de «libros a la carta» funciona de dos formas.

1. Tenemos un fondo de libros digitalizados que usted puede personalizar en tiradas de al menos cinco ejemplares. Estas personalizaciones pueden ser de todo tipo: añadir notas de clase para uso de un grupo de estudiantes, introducir logos corporativos para uso con fines de marketing empresarial, etc. etc.

2. Buscamos libros descatalogados de otras editoriales y los reeditamos en tiradas cortas a petición de un cliente.

LK

www.ingramcontent.com/pod-product-compliance
Lightning Source LLC
Chambersburg PA
CBHW020437030426
42337CB00014B/1301